TRYSORAU'R NADOLIG

gol. JO HEYDE

Argraffiad cyntaf: 2025

ISBN: 978-1-911584-98-8

Cyhoeddwyd gyda chymorth ariannol Cyngor Llyfrau Cymru.

Cyhoeddwyd gan Gyhoeddiadau Barddas. www.barddas.cymru

Clawr: James Karl Mountford

Dylunio: Rebecca Ingleby Davies

Gwaith Celf: Karl James Mountford

Argraffwyd gan Wasg Gomer, Llandysul.

Er cof am Grandma Thelma

Am sawl degawd, bues yn treulio'r Nadolig yn Awstralia gyda theulu fy ngŵr, ac er gwaethaf y gwres, byddem wastad yn cael y cinio rhost traddodiadol (ac fe fyddai Grandma Thelma yn dod â'i *rum balls* chwedlonol!). Roedd hi'n fenyw arbennig, ac mae hi yn fy nghalon o hyd.

CYNNWYS

Am fod Drws y Nadolig ar drothwy

rhwng t'wyllwch a gwên golau dydd …

MERERID HOPWOOD

RHAGAIR

'Beth am inni wneud cadwyni papur?' gofynnais i'm hwyresau y llynedd, â'm llais yn llawn brwdfrydedd. Yn wir, boed fel plentyn, fel mam, ac erbyn hyn, fel mam-gu, wrth i fis Rhagfyr nesáu mae cyffro'r disgwyl yn dal i fy nghyffwrdd!

Wedi'r cwbl, ni waeth beth yw ein cred neu ein profiad, on'd oes 'na siâp i bob blwyddyn sy'n ein harwain i gyd yn naturiol at yr Ŵyl? Ac mae 'na rywbeth teimladwy yn yr awyr, boed ar yr aelwyd, yn yr ysgol neu yng nghanol tref a phentref fel ei gilydd. Law yn llaw â moelni'r gaeaf, dyma wledd o liwiau, blasau a synau'n dod i'r fei.

Mae'n amhosib peidio â sylwi ar y tinsel a'r addurniadau yn ffenestri'r siopau, ar y goleuadau sy'n pefrio'r heolydd, neu ar sŵn carolau ar gorneli'r sgwâr, on'd yw hi? A gorau oll os daw'r eira fel eisin ar ben popeth – er, peth prin yw cael Nadolig gwyn!

I lawer, mae'n gyfnod o baratoi a dathlu a chymdeithasu, o ganu a rhoi ac addoli. Ac i eraill, efallai bod y Nadolig yn cynrychioli cyfnod tawelach a mwy myfyrgar wrth gofio'r rhai nad ydynt wrth y bwrdd, ond sydd yn ein calonnau.

Ond rydym i gyd yn ei deimlo, rywsut, yn ein ffordd ein hunain ... ac yn hynny o beth, mae'n ddiwrnod y cawn ei rannu.

Pan ddaeth y cais imi fod yn olygydd gwadd ar y flodeugerdd hon, roeddwn yn edrych ymlaen yn eiddgar at ddod â chasgliad o gerddi at ei gilydd a fyddai'n dal ysbryd a lliw'r Nadolig â thinc personol a nostaljig. Cerddi a fyddai'n synhwyrus ac atgofus, cerddi a fyddai'n dal profiad plentyn ac oedolyn. A chyfrol arbennig y gallwn ei dychmygu'n cael ei phasio ymlaen o genhedlaeth i genhedlaeth.

A phleser o'r mwyaf oedd derbyn yr ugain o gerddi hyfryd hyn, a'r beirdd i gyd yn rhannu rhywbeth sydd wedi aros yn y cof, neu sydd yn amlygu eu teimladau a'u profiadau unigryw.

Dyma Sioned Erin yn mynd â ni yn ôl i'w phlentyndod hithau pan fyddai'r siblings i gyd yn 'deffro cyn y wawr' gan eistedd mewn 'rhes yn nhop y grisiau'. A Dafydd John Pritchard sy'n dal awyrgylch arbennig noswyl y Nadolig 'a sisial-sibrwd tawel cyfrinachedd' wrth iddo aros yn ei wely a gweld 'yn y nos honno rimyn bach o olau dan y drws'. A chawn flasu Nadolig hiraethus Siân Melangell Dafydd wrth iddi droedio 'Rue des Martyrs' ym Mharis, â'i gwledd o liwiau, a hithau'n 'cofio tincial modrwy Mam ar ddysgl wrth iddi roi cynhwysion toes ynghyd'.

Ac ochr yn ochr ag ymgolli yng ngeiriau'r beirdd, braint yw cynnwys casgliad o luniau mor gywrain a lliwgar gan yr artist talentog, Karl James Mountford. Â'i weledigaeth ef, ac fel ymateb i naws y gyfrol, mae wedi harddu pob un gerdd unigol yn gelfydd iawn, gan weithio ar y cyd â'r darlunydd dawnus Rebecca Ingleby Davies.

P'un ai â delwedd un Nadolig arbennig sy'n pefrio fel seren bell, neu â myrdd o atgofion sy'n ymdoddi i'w gilydd fel cŵyr cannwyll, dyma obeithio y bydd y gyfrol hon yn cynnig ichi gist gyforiog y byddwch yn ei hagor droeon i fwynhau'r trysorau arbennig sydd ynddi.

Nadolig Llawen!

Jo Heyde

MERERID HOPWOOD

Drws y Nadolig

Beth pe baem ni eleni'n
dychmygu'r Nadolig fel drws?
Cawn roi ar ei dalcen yn addurn
un dorch fach o ddail celyn tlws.

A rhoi yn ei ymyl yr arwydd
'Hei Santa, plis galwa fan hyn!'
Ac yna, yn offrwm odano,
rhoi plât o fins-peis a llaeth gwyn.

Ond wrth inni studio'n fanylach,
y drws sy'n Nadolig i gyd,
cawn synnu nad oes iddo allwedd
na chloeon na byllt na dim byd.

A chawn fod y drws yn agored,
o edrych ychydig yn nes,
a'i fod e'n dweud 'croeso' yn dawel
a'n galw ni mewn at y gwres.

Am fod Drws y Nadolig ar drothwy
rhwng t'wyllwch a gwên golau dydd,
y cwbl sy eisiau i'w groesi
yw gobaith a chariad a ffydd.

OSIAN RHYS JONES

Ben bore Dolig

Ymhell cyn bod gwawr o anrhegion
yn rhwygo'r dillad o wely'r bore,
mae rhywun yn stwyrian
ar ddyletswydd diamod,
diamwys fel seren.

Ac wrth hepian yng ngwawl ei fflam,
clywaf, yn glyd o'r llofft,
glincian gofalus llestri metel
a chrensian ffoil;
drws y popty'n dylyfu'i wres
cyn cau'n glep;
arogl cig drwy'r tŷ ...

Fydd hi ddim yn cofio hyn bellach,
ond doeddwn i ddim yn cysgu, cweit,
pan glywais ei chysgod drwy gil y drws
drachefn yn dringo'r grisiau mewn slipars
a diffodd golau'r landin.

Dwi weithiau'n cadw gŵyl
gan dynnu'r flanced amdanaf yn dynn
fel 'tae neb
ond fi a Mam
ar ddihun
ben bore Dolig.

... gawn ni ganu,
gawn ni wrando

ar yr hen, hen ganeuon
unwaith eto ...

ELINOR WYN REYNOLDS

BETHANY CELYN

Carol Enfys

er cof am Leah Owen, fy nghyn-athrawes ganu, a fyddai'n trefnu i'n grŵp canu, Enfys, ganu carolau'n flynyddol i godi arian at elusennau lleol

Bob blwyddyn, fel cytgan, mi ddaeth yr alwad i ganu,
i swyno trigolion Clwyd rhwng y trolis a'r tinsel.

Dinbych i ddechrau, yna gyrru i Ruthun –
ac am ryw awren neu ddwy roedd ein canu'n

uwch na thincial ceiniogau, a'n carolau'n seinio
dros y silffoedd; safai ein rhieni a'n hanwyliaid

yn falch (cyn esgus siopa i su blynyddol eu plant),
ninnau'n casglu gwenau ac yn taflu 'diolchs' i'r rhai

a oedd yn rhoi, a'r wefr o gasglu i eraill yn cynhesu
ein harmonïau; ond roedd y diolch mwyaf i'r wraig

wrth ein hochr a wrandawai'n astud ar ffrwyth ei dysg,
ac a wyliai ei chariad a'i chân yn disgleirio trwy ei disgyblion.

MEIRION JONES

Nadolig ’68

Roedd trysor yn y bore a wawriodd
    rhwng muriau Yr Hendre,
  a’r rhodd a godai’n *Hwrê!*
  yn oriau y cyd-chware.

Ces organ geg, ces Lego, Etch A Sketch
    a Scoop, llyfrau lliwio,
  yna saib wrth wneud jig-so
  i hastu’r twrci i rostio.

Â lemonêd a siocledi hawliem
    liw melys sianeli,
  ymddiddan dan gadwyni
  a rhes o gardiau di-ri.

Fe aem i’r sgwâr yn barau o gowbois,
    a gwibiem ar feiciau,
  a’n hiaith oedd yn llawenhau
  ag eira’r dyddiau gorau.

ELINOR WYN REYNOLDS

Gawn ni goeden?

Gawn ni agor y bocs Nadolig eto,
a gawn ni godi coeden i'w haddurno?
Gawn ni sawru'r goedwig yn y tŷ, o'r parlwr i'r gegin gefn,
a'i harogl pinwydd siarp yn ein cofleidio ni drachefn?
Gawn ni osod mwclis golau ar ganghennau
a chynnau llewyrch yn ein calonnau?
Gawn ni rannu'r holl straeon disglair swel
sy 'nghlwm wrth bob pelen a seren ac angel,
ac a gawn ni eu hanwylo nhw'n dyner yn ein dwylo,
eu llathru'n sglein ar gledr llaw, wrth gofio?
Gawn ni lapio'n hatgofion tymhorol ni leni
o gwmpas ribidiresi'r holl Nadoligau a fu?
Gawn ni dynnu ynghyd yn griw defodol
i rannu gwres ein byw heb fynd yn rhy emosiynol?
Gawn ni synnu at ganghennau a fu yn noeth
sydd bellach yn *bling* wedi gwisgo'u cyfoeth?
Gawn ni gasglu o'i chwmpas, gawn ni ganu, gawn ni wrando
ar yr hen, hen ganeuon unwaith eto,
y rhai y mae eu geiriau'n gwneud i ni wylo
a hiraethu am gwmni'r sawl nad y'n nhw yno?
A gawn ni ei choroni hi ag un seren?
Achos dim ond un sydd wir ei hangen.

Gawn ni goeden eto eleni?
Gawn ni?

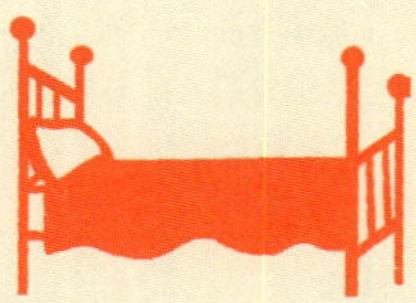

Y cyffro-methu-cysgu,

y deffro cyn y wawr ...

SIONED ERIN HUGHES

BRENNIG DAVIES

Deuddeg Dolig

2000

Yn y cychwyn oll
doedd yna ddim ond golau
arian seren bell.

2002

Roedd yn well gen i'r
holl bapur lapio disglair
nag unrhyw anrheg.

2004

Tŷ bach twt o bren
a godwyd yn yr ardd – mae'r
annedd dal yno.

2006

Siôn Corn yn y sioe.
Y flwyddyn cynt mi o'n i'n
fuwch wrth y preseb.

2010

Fe gawson ni gath
newydd, ei phawennau bach
yn dringo'r goeden.

2013

Tinsel ar y ward
a'r newyddion bod Tad-cu
yn cael dod adre.

2016

Chwarae Charades – *Sut yn y byd ma' hwnna yn Indiana Jones?*

2018

Dy fraich am fy nghefn,
ni'n bloeddio geiriau The Pogues.
Fel hyn, byw am byth.

2020

Chawn ni ddim cyffwrdd,
ond dwi'n meddwl amdanat.
Nadolig Llawen.

2021

Chwarae Charades 'to.
Dim geiriau gan neb i ddweud
faint o wyrth, o rodd.

2023

Anrheg i Tad-cu:
camera newydd sbon. Mewn fflach
mae'n dweud, *Gawn ni lun?*

2025

Tŷ ar bwys y môr.
Ganol nos yn cofio'r holl
flynyddoedd. Gwenu.

GARETH EVANS-JONES

Coeden frau

Mae hi'n hŷn na fi –
a'i dail yn dinsel wedi breuo,
yn lliwiau a bylwyd gan dreigl y tynnu a'r cadw
bob ochr i drothwy blwyddyn.

Mae hi'n hŷn na fi –
ac yn fach – yn gollwng ei lliwiau
fel yr eira prin a gawn acw,
yn ddail tinsel ar bren tywyll y piano.

Ac ar ei phen, â'i llygaid glas-gwneud,
gwên yn gelynnen o beth,
a mop o wallt aur yn fodlon, flêr,
safai'r angel – honno greais ym Mlwyddyn 1 –
ei phen yn bêl polisteirin, arian wedi'i ludo'n adenydd papur,
a'i chorff yn gôn o siop jips Borth,
yn nefolaidd, ben i waered.

Mae hi'n hŷn na fi –
ac mae'r angel, a'i phen bellach yn gam,
yn teimlo cyn hyned â'r goeden bob tamaid,
ond mae hi'n iau; yn iau na fi,
a dw innau'n dal i fethu chwarae
'run garol ar yr allweddellau sy'n melynu'n dawel
o dan y goeden frau.

ANEIRIN KARADOG

Cerdd Nadoligaidd arall

Mae'r Nadolig yma eto
a'r dannedd eisoes yn gwingo
â'r holl siwgr o'r holl siocled.
'Twrci, grefi a goryfed,'

canodd prifardd dro yn ôl.
Dwi, a sawl un arall, yr un mor ffôl.
Er bod ambell beth wedi newid,
cenir am yr un hen olud

o obaith am Ddolig gwell,
er bod hwnnw'n teimlo mor bell
i ffwrdd, a'r bwrdd yn gwegian
dan bwysau'r *un* hen gytgan.

Ond eto, yn llygaid y baban,
mae un Seren yn ei hunfan
yn disgleirio mor ddiniwed,
ac mae gobaith i'w glywed

dros ffwlbri'r grefi a'r goryfed,
dros wingo'r dannedd o'r siocled;
oes, mae yna wastad obaith
yr â'r Nadolig heb fandalwaith,

lle callia'r byd am ryw hyd,
gan roi ar waith yr hen hud
a deimlwn ninnau o wybod
fod baban yn drech na Herod.

MEGAN LLOYD

Defod

i Gwen

Cael popeth lawr o'r atig i addurno
coeden fach hardd i'r heuldro,

allan, wedyn, i chwilio
am iddew a chelyn, a llwyddo.

Siopa   chwilota   gwario
oriau yn aros i ddod o'no.

Trefnu –
pwy sy'n gwneud be o ran coginio?

Pa fwydydd i'w harchebu,
fydd o'n ddigon, faint mae'n gostio?

A faint o'r gloch sydd rhy fuan
i roi popeth mewn i rostio?

A phwy sy'n cyrraedd pryd,
ydyn ni'n gwybod?

Trefnu –
pob diferyn o'r diwrnod,

a phan ddaw hi ...

Dilynaf yr awel
o win poeth a phroseco

i ddarganfod fy mhobl
yn dathlu a dawnsio

dros Frank Sinatra,
clywaf y chwerthin a'r cyffro,

ac mewn un eiliad sydyn,
mae'r holl baratoi werth o.

* * *

Ychydig lymeidiau
ac mae'n nesáu at amser cinio.

Gosod sedd wag wrth y bwrdd
gan wybod dy fod ti yno.

Codaf wydr yn dy atgof
a chodwn ni hwyliau'r tŷ 'ma heno.

... diamwys fel seren ...

OSIAN RHYS JONES

JO HEYDE

Cadwyni papur

Wrth gwrs,
yr eira'n powdro mitins,
a'r bore'n troi'r gwlân gwlyb
yn dalpau rhewedig,
cyffro anadl yn ellyll-ffoi
rhag sŵn sgrechian
wrth i ias y peli friwsioni
ar war a gruddiau llosg;

wrth gwrs,
gwthio bys trwy feddalwch *mesh*
y Mars Christmas Stocking
a'i rhwygo ar agor
cyn gosod y trysor
ar gwrlid y gwely
yn nhrefn y sglaffio,
o'r crensian clou i'r ara' ymdoddi,
o'r Treets i'r Revels i'r Opal Fruits;

ond eistedd wrth y bwrdd
a chonsurio cadwyni papur
oedd fy hoff beth,
llyfu deupen y stribedi garw,
dolennu lliwiau,
defod gysurus-gyfarwydd,
a'r blas gludiog ar dafod a gwefus,

Opal Fruits
Mars
Revels

a minnau'n dringo ar gadair,
wedyn,
i geisio'u hongian o wal i wal
â darnau twt o selotêp,
a'r llacrwydd yn lapio'n wên gam
am oriau diog;

ac wrth gwrs,
ar noson Nadolig,
fy nwylo yn cydio
yn arian y craciwr
i ddrwsgl-dorri cnau Ffrengig
nes imi ryddhau
un berffaith gyfan
i'w chynnig yn anrheg
i rywun arbennig.

SIONED ERIN HUGHES

Gwres erstalwm

Dolig hogan fach
oedd sŵn clecian tân,
ho-ho-ho a gwely hwyr.
Ar odrau'r cof yn stelcian –
Siôn Blewyn Coch
a Siân Slei Bach,
yno hefyd, *Chicken Run*
ag adlais chwerthin iach.

Y cyffro-methu-cysgu,
y deffro cyn y wawr,
gwneud rhes yn nhop y grisiau
a'r ras i'r parlwr mawr.
Y bore'n bapur lapio
a gwichian genod llon,
a chyw y nyth a'i dractor
yn ffrind bach newydd sbon.

Yn nhraed ein sanau heno
mae'r cyffro'n ddof fel oen,
a rhychau chwerthin cynnes
sy'n dechrau marcio'r croen.
Ond hwyl o hel atgofion
sy'n sêr dros ddüwch nos,
wrth gofio'r pump ohonom
yn aros Santa Clôs.

SIÂN MELANGELL DAFYDD

Wrth fethu ffeindio mins-peis ym Mharis

Mae persawr terfyn i'r flwyddyn, a minnau
allan o'm cynefin heb rysáit Nain
na chrwst mins-peis Mam, dim ond
y saib perffaith ar ddiwrnod oer,
paned a phlât gwag,
af i chwilio
am flas cartref
ar Rue des Martyrs.

Mwclis macarŵns, wisgi
fel y mwstard yn aur o ffenestri'r Ŵyl,
ciwiau a blodau a hambyrddau wystrys
yn simsan uwchben pennau.
Gwydrau llawn ar bob teras,
atal dweud yr holl,
holl fân oleuadau
a minnau'n cofio tincial
modrwy Mam ar ddysgl
wrth iddi roi cynhwysion toes ynghyd.

Daw gwyfynod at y llusernau fel adref.
Beth arall? Sibrydion yn codi o addurniadau
am y rhai a'u daliodd gynt.

Yng ngolau stryd a siop, sylwaf fod gwerth i'r tywyllwch.
Ceisiaf yr hen olwg a'm rhwymodd i'r pridd.
Tymor â llai o dymestl. Canhwyllau.
Heddwch i lenwi'r tyllau yn y flwyddyn a fu,
arogl tân coed i'r awyr ar ôl cinio mawr,
a mins-pei dan ganghennau hen dderwen yn dal yn ei dail isaf.
Cerdded â choron bapur ar dop het wlân,
sgert yn y rhedyn llipa, ac amser i styried
lle i roi sylw drwy'r flwyddyn gron i ddod.

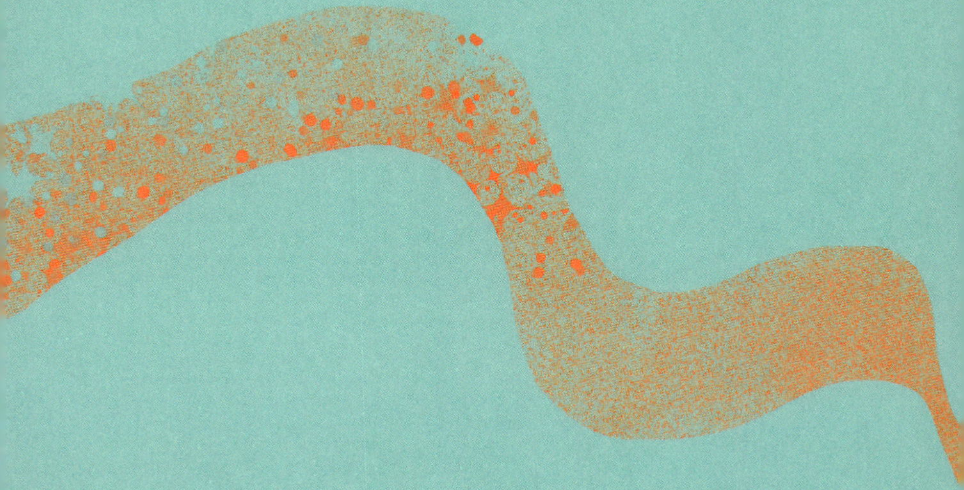

RHYS DAFIS

Aros am y trên

Cofio'n annwyl
noswylio cynnar y Dolig hwnnw;
munudau yn oriau hirion aflonydd,
o gwtsio gobennydd, ac o boeni
tybed pam nad atebodd Siôn Corn
fy neges inc coch
yn deud 'mod i'n hogyn da, ac ufudd, wastad,
ac yn gofyn yn wylaidd ar ei waelod:
Plis, ga i set drên eleni?

Daeth ateb o'r bore bach
â Siôn Cwsg yn helpu Siôn Corn!
Yn dawel, dawel, gadawodd
drên Hornby hael,
a'r cledrau'n ariannu'n eu bocs;
dwy injan gref;
bocs hefyd yn llawn o gerbydau llusg;
croesfannau, signalau, twneli,
a mwy – a'r cyfan i mi!

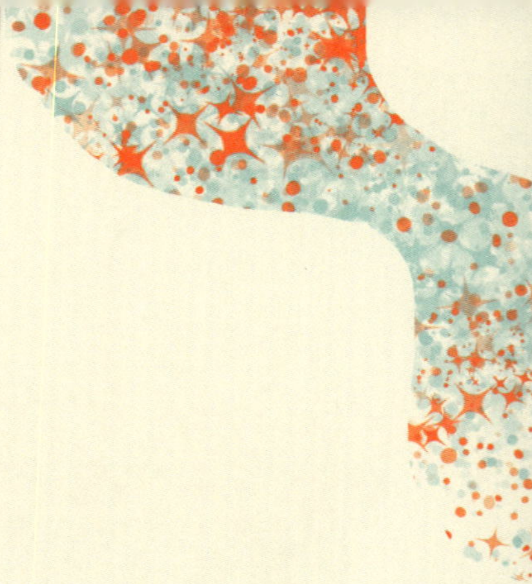

Yn chwil gan gyffro'r cyn-chwech,
ym mhen dim, ces gwmni Dad,
am ddangos sut i'w gosod ...
Yn ei elfen, trodd y lolfa'n
iard o brysurdeb,
yn synau creu, yn stesion Crewe,
a'i rhwydwaith reilwe'n rhedeg
o dan y bwrdd i Lundain bell,
'Nhad yn Frunel o frwdfrydedd,
yn syllu, rhyfeddu, wrth ei fodd,
yn rheolwr fy reilwe!
Finne'n awren o aros fy nhro i:
Plis, Dad, ga i chware 'fo 'nhrên?

A'r bore hwn o chware brwd,
fy ŵyr a fi,
a'r hen set Hornby o'r to,
a mwg dychmygol y ddwy injan
yn dal i hofran yn hir yn y cof,
yn daer cefais bwt bach
a chlywais eto'r un eisiau trist:
Plis, Taid, ga i chware 'fo'r trên?

Heno, rwy'n cofio'r cyfan
â llu teulu o flaen tân ...

GWENALLT LLWYD IFAN

TEGWEN BRUCE-DEANS

Y lôn gefn

i Dad

Mae'r dydd yn tasgu'n bersawr pinwydd
dan ein traed, y bore 'ma,
a dwi'n rhyfeddu ar yr ogla'n
gafael yn fy llaw
a'm tywys lawr lonydd y co'.
Ninnau, yn chwerthin ein hieuenctid,
yn gwmwl o gymeriad uwch ein pennau,
ar ras lawr y lôn gefn
i chwilio am goeden berffaith.
Ei chymryd wedyn, hawlio'i holl namau:
yn gam, yn felyn, yn fain,
pinnau'n disgyn ar y carped fesul carol,
a hithau'n feddw ar sieri'n
pwyso yn y gornel i wrando
ar gyffro'n rhwygo fel papur trwy'r tŷ.
Llynedd, daeth y goeden atom o'r siop
wedi'i lapio'n anrheg dwt,
yn ddigon syth, yn wyrdd, yn llawn,
ond rywsut bu'r golau'n disgleirio
ychydig yn wannach rhwng y pinnau,
fel 'taen nhw'n dechrau blino
erbyn hyn.
Gyda dail y bore'n
disgyn o'n cwmpas heddiw,
dwi'n gafael am dy sgwyddau
a chamu tua'r lôn gefn
unwaith yn rhagor.

GRUFFUDD ANTUR

Marwydos

Mae'r hosan yn wag, a rhagor mae'r Ŵyl
mor oer â heth Chwefror,
ond caf yng ngwaelod y co'r
anrhegion oll ar agor.

MARI GEORGE

Noson *Beano* newydd

O'r gwely
aroglwn y sgyrsiau sieri'n diferu
o weddillion y diwrnod,
plu ambell sgrap o bapur,
tameidiau o ffilmiau.
Eisteddwn ym mriwsion bodlonrwydd
gan afael o'r diwedd yn yr anrheg orau,
a does dim arogl gwell na stori newydd.
Byddet ti,
cyn rhoi cusan nos da,
yn troi'r papur, a blas sigâr a Ferrero Rocher
ar dy lais.
Dau gymar yn tynnu byd allan o'r inc,
yn torri croen y straeon wrth eu troi a'u troi
a mynd ar goll
yn eira rhywun arall ...

* * *

Mae'r Nadoligau wedi eu gwasgu'n un ar silff
erbyn hyn,
ond teimlaf yr angen i agor ambell un bob nawr ac yn y man;
mae'r eira'n llai gwyn
ond mae'r cymeriadau yn yr un man,
a'u stori'n troi a throi, heb newid dim.
A ti,
rwyt ti yna hefyd.

GWENALLT LLWYD IFAN

Tân coed

Nadolig llawn o deulu,
ennyd hir oedd lond y tŷ.
Y tân coed i'r to'n codi
yw'r cof hwn, a'r cae i fi'n
wag o dda, ac mae gwaedd hir
'y nhad yn galw ar Nel
o'r ddaear lle roedd awel.
Mam yn gweithio cinio'r cof
yn cynnau rhyw sbarc ynof,
a'r stêm a gwyd o wres dŵr,
yn nhendieth pawb a'u dwndwr.
Sŵn gwyliau'n cwrso'n gilydd
drwy'r tŷ heibio i droad dydd.
A ganed ein drygioni'n
bared diniwed i ni.
Tyfwn hyd nes bod hafau'n
dod â braint i'n hennyd brau.
Aroglau y caeau cudd,
y tŷ fel petai awydd
i gofio'r mwg a gafael
yn rhith hir magwraeth hael.
Hyn erys, yn felys fel
ein hiraeth am y gorwel.
Heno, rwy'n cofio'r cyfan
â llu teulu o flaen tân.
A daw'n ôl fel y golfen
i barhau'n fflamau o bren.

... ac mae gobaith i'w glywed ...

ANEIRIN KARADOG

GERALDINE MAC BURNEY JONES

Noswyl Dolig 1990, Gaiman

Teimlais haul poeth Rhagfyr fel sgorpion
tra oedd yr orymdaith ryfedd yn pasio:
dynion a merched ac yn eu breichiau
foch bach cegau cilagored,
dannedd siwgr, blew caled ar eu trwynau,
croen oer a lliw pinc a gwinau,
i gyd wedi'u gosod rhwng afalau melys
a Taid yn plygu drostynt
gyda'i frwsh marineiddio
a hwythau mor ddisglair, yn eu trwmgwsg.
Dwi'n cofio cyffwrdd un, unwaith,
pan nad oedd neb yn fy ngwylio.
Dyna fy nghyfrinach.
Ac, mewn mynd a dod o freichiau,
dyma Taid yn ffarwelio â phob un
gyda'i gledr bren hir
wrth eu llithro i'r popty mawr
a'r mwg trwchus yn codi i'r awyr.
Eneidiau poeth yn hofran fel haid o wenyn.

* * *

Dyma fy nefod:
crwydro'r pentref i syllu ar ffenestri'r siopau.
Presebau syml, sêr cynnil ac eira ffug.

Edau arian rhwng rhubanau coch
yn troelli fel nadroedd byw
a ffigyrau plastig bach wedi'u peintio'n ofalus.
O gornel,
Papa Noël yn codi braw arna i.
Strydoedd llawn llwch traed y dyrfa frysiog
a'r aer yn cracio.

Disgynnai'r nos mor sydyn.

* * *

Pawb yn barod o'r diwedd:
wedi ymolchi, persawru,
gwisgo'n ysgafnach
ac yn eistedd wrth y bwrdd.
Hon oedd y drefn bob tro:
deuai Nain a Mam â'r *ensaladas*,
tomatos wedi'u llenwi,
arrollado de pollo a betys melys –
y ddaear yn estyn ei thafod coch.
A'm dagrau yn diferu lawr fy wyneb
pan ddeuai tro'r mochyn bach.
Wedyn, *pan dulce*
gyda ffrwythau conffit yn disgleirio
fel ffenestri lliwgar, melys
a dysgl lawn o *turrones* crensiog.
Hanner nos: tinc y gwydrau,
sŵn papur lapio'n cratsian fel gwreichion,

a’n cymdogion allan ar y stryd
yn tanio’r tân gwyllt.
A ninnau heb wybod
ein bod yn rhan o’r goleuni hwnnw,
fflam fer, ddiflanedig,
gweddi na châi ei chanu’n uchel.

DAFYDD JOHN PRITCHARD

dawel nos

ac yr oedd yn y
nos honno rimyn bach o
olau dan y drws, a

sisial-sibrwd tawel
cyfrinachedd; gweld a
phrin glywed hyn o

dan haenau braf dillad
gwely, ac anadlu breuddwydion
brawd iau, o'i wâl, yn

llenwi stafell nad oedd iddi
wres canolog. ond, rywbryd,
rywsut, glaniodd pluen ar

ben pella'r gwely hwn, ysgafnder
pwysau na allai bysedd
traed ei ddirnad: hosan, a'i

llond petheuach. a gorwedd yno'n
stond yng nghwmni'r ŵyl nad oedd
hithau chwaith wedi codi eto.

TUDUR DYLAN JONES

Nadolig y Plant

Blantos, does ond un noson
nes i'r tŷ groesawu Siôn;
heno, gobeithio eich bod
at wên y bore'n barod,
yn ufudd, a'ch bod hefyd
yn ddi-gŵyn, yn dda i gyd.

Mae hi'n hwyr ... mae o'n aros
i'r un awr, rhwng sêr y nos;
mae'n oedi, cyn chwyrlïo
ddwmbwr-dambar tua'r to,
a daw lawr simdde dywyll
yn dynn i gyd yn y gwyll!

Gwely cynnar i aros
heno i weld beth ddaw'r nos;
â Siôn ar wib wedi bod,
a fydd y lle'n rhyfeddod?
Blantos, does ond un noson
nes i'r tŷ groesawu Siôn ...

... anadlu breuddwydion ...

DAFYDD JOHN PRITCHARD

Cyhoeddiadau
barddas